DE L'APPLICATION

DU DROIT COMMUN

A LA

PROPRIÉTÉ LITTÉRAIRE ET ARTISTIQUE

PUBLICATION

DU COMITÉ DE L'ASSOCIATION

POUR LA DÉFENSE DE LA PROPRIÉTÉ LITTÉRAIRE

DEUXIÈME ÉDITION

Prix : 30 centimes

PARIS

LIBRAIRIE DE L. HACHETTE ET Cⁱᵉ

BOULEVARD SAINT-GERMAIN

ET CHEZ LES PRINCIPAUX LIBRAIRES DE LA FRANCE

Février 1862

NOMS

DES MEMBRES DU COMITÉ DE L'ASSOCIATION POUR LA DÉFENSE
DE LA PROPRIÉTÉ LITTÉRAIRE.

ALLOURY, rédacteur du *Journal des Débats.*

BLANC (Étienne), avocat à la cour impériale de Paris.

BOHM.

COLOMBIER, éditeur de musique.

GUIFFREY, avocat à la cour impériale de Paris.

HACHETTE (L.), libraire-éditeur.

LABOULAYE (Éd.), membre de l'Institut (Académie des inscriptions et belles-lettres).

MARESCHAL (Jules), ancien chef de division au ministère d'Etat.

SAINTINE (X.-B.), homme de lettres.

SIMON (Jules), homme de lettres.

VITU (Aug.), rédacteur au *Constitutionnel.*

DE L'APPLICATION

DU DROIT COMMUN

A LA

PROPRIÉTÉ LITTÉRAIRE ET ARTISTIQUE

PARIS. — IMPRIMERIE DE CH. LAHURE ET Cⁱᵉ
Rues de Fleurus, 9, et de l'Ouest, 21

DE L'APPLICATION

DU DROIT COMMUN

A LA

PROPRIÉTÉ LITTÉRAIRE ET ARTISTIQUE

PUBLICATION

DU COMITÉ DE L'ASSOCIATION

POUR LA DÉFENSE DE LA PROPRIÉTÉ LITTÉRAIRE

Prix : 30 centimes

PARIS

LIBRAIRIE DE L. HACHETTE ET Cie

BOULEVARD SAINT-GERMAIN

ET CHEZ LES PRINCIPAUX LIBRAIRES DE LA FRANCE

Février 1862

La Commission¹ chargée, en 1825, de rédiger un projet sur la propriété littéraire avait adopté, à la majorité de 14 voix contre 6, le

1. Cette Commission était composée de :

MM. le vicomte de la Rochefoucauld, le vicomte Lainé, le comte Portalis, *pairs de France*;

MM. Royer-Collard, le comte de Montbron, Pardessus, *députés*;

MM. Bellart, de Vatimesnil, *conseillers d'État*;

MM. Villemain, Delaville de Miremont, *maîtres des requêtes*;

MM. Auger, Raynouard, Andrieux, Parseval-Grandmaison, Picard, Alexandre Duval, Dacier, le baron Cuvier, le baron Fourier, Quatremère de Quincy, *membres des quatre Académies*;

M. le baron Taylor, *commissaire royal près le Théâtre-Français*.

Adjoints à la Commission :

MM. Lemercier, de l'Académie française; Étienne, homme de lettres; Moreau, homme de lettres; Champein, compositeur; *commissaires des auteurs dramatiques*;

M. Talma, *sociétaire du Théâtre-Français*;

MM. Renouard, Firmin-Didot, *délégués des libraires*;

Secrétaire de la Commission :

M. Jules Mareschal.

principe de la propriété perpétuelle; mais, au lieu de consacrer purement et simplement ce principe, et d'en soumettre l'application aux règles du droit commun, elle s'était engagée dans des questions de voies et moyens où elle s'était fourvoyée complétement, et dont elle n'est sortie qu'en laissant son œuvre inachevée, et en exprimant le vain regret de n'avoir pû trouver de moyens pratiques pour assurer le droit des auteurs et en asseoir l'exercice.

Ce triste résultat montre une fois de plus combien il est difficile de faire des lois d'exception. Sortir du droit commun, c'est, en réalité, sortir du droit. On peut reconnaître la propriété littéraire ou la nier; mais quand on la reconnaît, il n'y a plus autre chose à faire que de la traiter comme toutes les autres propriétés. La soumettre à un régime particulier, c'est commettre une injustice, en se créant à plaisir des difficultés.

Comme ses prédécesseurs l'ont fait en 1825, la nouvelle Commission de la propriété littéraire vient de voter le principe de la perpétuité de cette propriété; mais nous espérons qu'elle ne perdra pas de vue les circonstances qui ont fait échouer au port la Commission précédente, et ne se laissera pas entraîner dans la même voie. Elle fermera l'oreille aux subtilités des jurisconsultes qui l'effrayeront de mille difficultés chimériques; elle repoussera surtout les expédients plus ou moins singuliers qu'on lui proposera de substituer aux simples règles du droit commun. Une fausse idée, celle d'une transaction entre la propriété privée et le domaine public, a fait aboutir la Commission précédente à une négation. C'est la même idée qui se reproduit aujourd'hui avec quelques modifications insignifiantes; et on nous assure que le système qui consiste à livrer les œuvres littéraires au domaine public, moyennant le payement d'une redevance perpétuelle, a séduit quelques personnes par son apparente simplicité. C'est la réfutation de cette proposition et de plusieurs autres analogues que nous soumettons aujourd'hui à l'examen de la Commission de la propriété littéraire. Nous sommes profondément convaincus qu'il n'y a rien de réel dans cet antagonisme de la propriété littéraire et du domaine public. L'exercice du droit des auteurs se concilie naturellement avec l'intérêt général. Les dispositions spéciales, qu'on veut faire adopter par la Commission, n'auraient d'autre résultat que d'obscurcir un droit évident et de compliquer inutilement une loi qui peut être rédigée en quelques lignes.

DE L'APPLICATION

DU DROIT COMMUN

A LA

PROPRIÉTÉ LITTÉRAIRE ET ARTISTIQUE.

I

La discussion ouverte en ce moment au ministère d'État, sur la propriété littéraire, pour arriver à formuler la loi qui doit régler les droits des écrivains et des artistes sur leurs œuvres, devait donner lieu à une manifestation nouvelle des systèmes qui se sont produits antérieurement sur la nature et sur la jouissance de cette propriété.

Ces systèmes sont au nombre de trois :

1° Maintien de la législation actuelle, c'est-à-dire jouissance pour les auteurs, leurs veuves, leurs enfants ou leurs cessionnaires, d'un simple droit temporaire ;

2° Propriété perpétuelle, avec des restrictions plus ou moins considérables dans le mode de jouissance ;

3° Propriété perpétuelle pure et simple selon le droit commun.

Il n'est pas besoin de faire remarquer que les deux premiers peuvent, en restant d'accord avec leur principe, varier à l'infini dans l'application, et en conséquence entraîner le législateur dans les difficultés les plus imprévues.

Au contraire l'adoption du droit commun coupe court à tout arbitraire et simplifie tout d'abord la nouvelle loi.

Les partisans de la propriété perpétuelle ont gain de cause en ce moment, et la décision remarquable prise le 11 février courant par la Commission officielle, à la majorité de dix-huit voix contre quatre, nous dispense de renouveler une discussion de principes, que nous croyons d'ailleurs avoir épuisée dans nos publications précédentes.

Mais le principe de la propriété perpétuelle étant admis, il faut se mettre d'accord sur ses applications. Nous voulons démontrer que hors le droit commun il n'y a qu'arbitraire et injustice, et que les arguments produits ou renouvelés en ces derniers temps pour démontrer que la propriété littéraire doit être régie par une législation spéciale n'ont rien de sérieux.

Nous allons passer en revue ces arguments et en examiner la valeur.

II

Celui qui se présente en première ligne, parce qu'il a produit un certain effet, est celui-ci :

« Ce n'est pas aux auteurs, c'est aux spéculateurs
« que profitera la perpétuité de la propriété litté-
« raire. Ainsi que la Fontaine, les nouveaux auteurs
« vendront la propriété de leurs œuvres pour une
« somme minime. L'intérêt des familles ne sera
« point sauvegardé, et ce sont des cessionnaires in-
« connus et non plus les descendants des grands
« écrivains qui exploiteront à perpétuité les monu-
« ments littéraires de notre langue. Il y a donc lieu
« de limiter à un certain nombre d'années la durée
« du droit des auteurs sur leurs œuvres et à n'en
« permettre la transmission qu'aux héritiers directs.»

Il y a bien des choses à répondre à cette objection.

Nous redirons d'abord ce que nous avons déjà dit ailleurs. C'est que rien n'autorise nos adversaires à prétendre que les écrivains et les artistes ne peuvent administrer convenablement leur fortune, et que la loi doit les mettre au nombre des incapables. Les personnes qui sont touchées de cette incurie de la Fontaine oublient que les circonstances ont bien changé depuis le dix-septième siècle. Alors le nombre des lecteurs était très-restreint, et le produit de la vente des livres extrêmement limité. Les auteurs, n'y trouvant pas une source suffisante de revenus, cherchaient dans la faveur des hommes riches ou puissants des moyens d'existence. Les choses se passent autrement de nos jours. Chaque écrivain connaît parfaitement le prix qu'il peut tirer de son œuvre. Il sait que son indépendance et sa dignité sont dans son travail, et il débat en connaissance de cause les conditions des traités qu'il signe avec ses éditeurs.

Si la Commission désirait s'éclairer à cet égard, elle pourrait charger plusieurs de ses membres de se transporter chez les principaux éditeurs pour y prendre communication des traités relatifs aux ouvrages d'une certaine valeur. Elle s'assurerait que ces traités contiennent rarement une cession entière. L'usage le plus répandu est de céder l'exploitation aux éditeurs, soit pour un nombre d'éditions déterminé, soit pour tout le temps de la jouissance légale, moyennant une redevance fixe et proportionnelle au nombre des exemplaires imprimés ; ou bien l'auteur cède à forfait, et pour une somme plus ou moins importante, l'exploitation d'un livre pendant un certain nombre d'années, après lesquelles il en reprend la jouissance. L'abandon absolu d'un ouvrage à un éditeur n'a lieu en général que pour des ouvrages de peu d'importance ou d'un intérêt momentané.

La loi qui substituera à une jouissance temporaire un droit perpétuel rendra plus rares encore ces cessions absolues des propriétés littéraires, qui, en librairie, sont l'exception et non la règle. Elles ne seront faites que par des auteurs privés de famille qui chercheront dans la vente de leurs œuvres soit une rente viagère considérable, soit un capital dont la disposition immédiate pourra leur offrir de grands avantages. Ainsi, en tous cas, la consécration de la propriété littéraire perpétuelle tournera au profit des auteurs.

En supposant même que quelques écrivains administrent mal la propriété qui leur serait reconnue, serait-ce une raison de sortir à leur égard du droit commun? Dessaisit-on de la disposition de leurs biens les propriétaires, parce qu'ils pourraient être prodigues et dissiper la fortune reçue de leurs pères? Le mieux est de créer le droit littéraire et d'en remettre purement et simplement l'exercice à ceux qui doivent en jouir. Ce majorat légal, que nos adversaires voudraient établir au profit des héritiers directs des écrivains, est aussi contraire à nos mœurs qu'à l'équité. Nous aimons à disposer librement de ce qui est à nous. Il y a des circonstances qui peuvent rendre profitable à un écrivain la faculté de pouvoir céder ses droits à un tiers : la valeur du livre peut être médiocre, la chance du succès incertaine, l'intérêt peu durable; si l'auteur est sans enfants et d'un âge avancé, il peut tirer de la cession complète de son œuvre une ressource présente qui assurera le bien-être et la tranquillité de sa vieillesse. Pourquoi le priver de cet avantage? Pourquoi le condamner à l'insolvabilité quand il a entre les mains une valeur certaine? Son œuvre n'est-elle pas sa création, son bien, sa propriété?

III

D'autres veulent bien accorder aux écrivains le
droit de disposer de leurs œuvres et même de les
aliéner complétement ; mais ils craignent que les
propriétaires ou cessionnaires des œuvres littéraires
ne soient pas assez soucieux des intérêts du public ;
que par exemple ils ne veuillent retirer de la circu-
lation ou mutiler des ouvrages dont la diffusion
blesserait leur conscience ; ou que par cupidité ils
n'élèvent le prix des livres jusqu'à en rendre l'ac-
quisition impossible au plus grand nombre ; ou
qu'enfin, privés de goût et d'intelligence, ils ne sa-
tisfassent pas aux besoins divers du public par la
publication d'éditions à bas prix, de grand luxe, de
petits et de grands formats, etc. En conséquence, ils
ont proposé une sorte de compromis entre la propriété individuelle et le domaine public, qui consiste-
rait à laisser libre la reproduction typographique des
œuvres littéraires à partir de la mort de l'auteur, ou
quelques années après cette mort, sous la condition
d'une redevance pécuniaire qui serait due par les
spéculateurs aux héritiers ou cessionnaires de l'auteur et partagée entre ces derniers dans la propor-
tion de leurs droits.

Au premier abord, ce système plaît par une apparente simplicité qui a pu faire illusion à quelques
personnes. Mais si on l'examine un peu à fond,
on reconnaîtra, sans nul doute, qu'il est à la fois
inique et impraticable.

Nous protesterons d'abord contre cette déplo-

rable tendance qui porte certains esprits à dessai-
sir les gens de l'exercice de leurs droits personnels
pour leur substituer l'État ou un tiers quelconque
dans l'administration de leurs affaires. On est trop
porté à imposer des restrictions inutiles à la propriété ; on oublie trop qu'elle est fondée sur un droit
naturel et ne peut être impunément violée, ou res-
treinte. La loi qu'on prépare sur la propriété littéraire et intellectuelle est un hommage solennel rendu
au grand principe sur lequel toute société repose, et
il serait, ce nous semble, contraire à la logique de méconnaître la force de ce principe dans l'acte même qui
a pour but de lui donner une consécration nouvelle.

Examinons en lui-même le système qu'on nous
propose.

Si les propriétaires d'une œuvre littéraire n'ont
plus après la mort de l'auteur qu'un intérêt pécuniaire dans sa publication, le premier venu est au-
torisé, moyennant une rétribution, à s'en emparer
et à la reproduire dans la forme et de la manière
qu'il lui plaira, sans que le propriétaire ait aucune
observation à lui faire. On doit admettre cepen-
dant que le fils de Racine et les enfants de ce fils
pourraient exercer une direction utile sur la publication des œuvres de leur auteur, et que le droit
de direction leur serait aussi cher que le produit
de la redevance pécuniaire. Ne voit-on pas une
grande différence dans la bonne tenue et la conser-
vation des immeubles et même des objets mobiliers
entretenus par leurs propriétaires et ceux qui sont
confiés à des soins étrangers ? Pourquoi n'en serait-
il pas de même des propriétés littéraires ?

Sur quelle base établira-t-on la redevance à payer
aux propriétaires d'une œuvre littéraire ?

Comprenant que leur échafaudage serait ruiné s'il
reposait sur de trop grandes complications, nos adversaires n'ont pas hésité à adopter pour la fixation
de cette rétribution le principe le plus radical, celui
de l'uniformité absolue. Ni la valeur littéraire de
l'œuvre, ni même la quantité de matière ne seront
des éléments d'évaluation. La feuille de papier im-
primé ou le prix fixé pour la vente du livre régleront
souverainement et uniformément le droit de l'auteur.
C'est un communisme d'une nouvelle espèce, appli-
qué aux œuvres de l'intelligence. Pour le plus grand
nombre des livres, le tarif établi sur un niveau, qui
est toujours brutal, ne produirait pas au profit des
auteurs ou de leurs cessionnaires une somme de
rétributions équivalente aux bénéfices résultant de
la jouissance actuelle. A raison d'un demi-centime[1]
par feuille, un volume de trente feuilles produira à
peine au propriétaire quinze centimes ; si on pré-
fère se régler sur le prix et que ce prix soit fixé
à six francs, le droit d'auteur sera de douze centimes[2]. « La modération de la redevance encou-
« ragera, dit-on, de nombreuses reproductions.
« Le propriétaire recevra pour chaque édition une
« somme minime ; mais les rétributions seront
« nombreuses et leur ensemble formera un béné-
« fice énorme.

« L'heureux propriétaire aurait encore, ajoute-
« t-on, un autre avantage. Il sera délivré de tout
« souci pour la défense de ses intérêts. Les réim-
« pressions de son livre seront enregistrées par une

1. M. Amyot a proposé une rétribution de 50 centimes par
100 feuilles imprimées.
2. M. Hetzel propose 2 ou 3 pour 100.

« administration spéciale, qui percevra en son lieu
« et place les produits et les distribuera à qui de
« droit ; qui en outre surveillera et poursuivra les
« contrefacteurs et autres délinquants. En un mot,
« il n'aura d'autre soin que celui de dépenser paisi-
« blement les produits qui arriveront sans la moindre
« peine entre ses mains. »

Les promoteurs de ce système ont arrangé les
choses à leur guise sans compter avec la réalité.
Nous sommes obligés de dissiper leurs illusions.
Serait-il possible de soumettre à une redevance
uniforme des propriétés de valeurs si diverses ? On
le pourrait certainement en fixant cette redevance
au taux le plus bas. Mais alors les propriétaires des
œuvres qui ont une grande valeur subiraient une
perte énorme. « Si vous vendez à bas prix, nous dit-
on, vous vendrez plus d'exemplaires et il y aura com-
pensation. » C'est une grave erreur. Pour la plupart
des livres, le nombre des acheteurs est limité, et en
réduisant le prix de vente de 50 pour 100 on n'aug-
menterait pas sensiblement l'importance du débit.
Il est donc inique de fixer à un taux invariable le
montant de la redevance. Les livres sont soumis à
des éventualités de toutes sortes. Selon leur nature,
selon les circonstances, la vente en est rapide, lente,
ou nulle, et le nombre des exemplaires vendus varie
à l'infini. Les bénéfices sont en rapport avec ces
variations. C'est là le principe le plus élémentaire du
commerce de la librairie, et c'est aller contre la force
des choses que de vouloir soumettre à un chiffre
invariable une rétribution qui de sa nature n'a rien
de fixe. Il y a toujours eu et il y aura toujours
des livres qui peuvent donner des produits plus ou
moins élevés, d'autres qui ne se publieront qu'avec

une perte plus ou moins grande. Il faut donc qu'on ait égard à ces considérations dans toutes les spéculations qui peuvent être entreprises. D'où il suit que le législateur doit s'en rapporter à l'intelligence des propriétaires et les laisser diriger leurs intérêts d'après les circonstances. On peut raisonnablement croire qu'en général ils feront ce qu'il y a de mieux à faire, c'est-à-dire qu'en traitant avec des éditeurs de leur choix, ils stipuleront au mieux de leurs intérêts. Au lieu de cette application aveugle d'un tarif qu'ils ne pourraient jamais faire modifier qu'à leur détriment, ils détermineront en connaissance de cause et dans une mesure convenable les conditions de chaque édition. Cette liberté laissée aux héritiers ou ayants droit des écrivains est la seule chose qui soit équitable.

Est-il besoin de dire qu'en général les entreprises de librairie sont plus aléatoires que toutes les autres affaires commerciales? Un livre n'est jamais pour le public un objet de première nécessité. Il n'y a pas de danger, quand on est dans de bonnes conditions, à fabriquer des étoffes, des pièces d'argenterie et tous les objets indispensables ou même simplement utiles dans nos habitudes sociales. Mais la publication d'un livre! à combien de chances fâcheuses n'est-elle pas soumise! Le livre peut être bon en lui-même, mais il arrive mal à propos; il a été précédé par d'autres publications qui sont en faveur; ou bien le goût des lecteurs est tourné aux ouvrages d'une autre nature; ou bien encore la forme matérielle du volume n'a pas été bien choisie par l'éditeur; enfin, si l'ouvrage est dans le domaine public, plusieurs concurrences simultanées frappent souvent de stérilité ou de ruine les publications rivalés entre les mains de leurs éditeurs. Dans cette situation, pourra-t-on toujours imposer aux spéculateurs le payement préalable d'une rétribution proportionnelle au nombre ou au prix des exemplaires tirés? On ne sait pas à quelles conditions se font la plupart des publications de la librairie moderne. Pour compenser ou atténuer les mauvaises chances, les auteurs consentent bien souvent, soit à ne recevoir qu'une rétribution conditionnelle et après vente, soit à abandonner leurs droits, soit même à intervenir personnellement pour garantir une partie de la dépense et quelquefois la payer tout entière. On ne songe qu'aux écrivains de premier ordre ou en faveur auprès du public et on croit que toutes les spéculations de librairie peuvent être conduites d'une seule et même manière. Les neuf dixièmes des livres qui entretiennent ce commerce ne se réimprimeraient pas, si la réimpression était soumise à la condition d'une rétribution fixe à payer préalablement, quelque modérée qu'elle fût. Cette réimpression ne peut avoir lieu qu'avec les facilités qui peuvent se rencontrer dans les rapports d'auteur à éditeur, d'homme à homme.

Ce ne serait pas répondre à cette objection que de dire qu'il s'agit de la réimpression des ouvrages dont les auteurs sont morts, et par conséquent d'ouvrages dont la réputation est faite et le mérite constaté. On pourrait citer de très-bons livres dont l'utilité est universellement reconnue et qui par la spécialité des matières et la limitation du public auquel ils s'adressent ne peuvent être réimprimés qu'au prix d'un sacrifice. Les œuvres de la Place n'ont pu être publiées qu'à l'aide d'une forte subvention de l'État. Il y aura donc des cas où la redevance sera une injustice envers l'auteur, parce qu'elle sera trop faible; d'autres où elle sera une injustice envers l'éditeur, parce qu'elle sera trop forte; et d'autres, enfin, où elle rendra la publication impossible. Voilà le plus clair résultat de la rétribution uniforme qu'on exhume comme une merveilleuse découverte.

L'application du droit commun à l'exercice de la propriété littéraire ne peut nuire en rien à la jouissance du public. L'auteur fait imprimer son œuvre et la fait vendre. Mille exemples sont là pour démontrer que les éditeurs des livres qui appartiennent au domaine privé, savent accommoder leurs publications aux besoins et aux goûts du public par la variété des formats et des prix. Leur intérêt s'y trouve, et c'est la meilleure garantie qu'on puisse avoir pour sauvegarder l'intérêt général. Si quelques exceptions se rencontraient, s'il se trouvait des gens qui laissassent manquer les exemplaires par défaut de réimpression, une disposition légale qui ferait tomber dans le domaine public un ouvrage épuisé depuis un certain temps et non réimprimé, et même l'expropriation pour cause d'utilité publique remédieraient facilement à ce mauvais vouloir; et il est inutile d'aller demander à une réglementation exceptionnelle et exorbitante une protection qu'on trouverait tout simplement dans la loi commune.

IV

On s'imagine que la libre réimpression des ouvrages tombés dans le domaine public amène la diffusion des livres. Ceci peut être vrai jusqu'à un certain point pour les livres qui s'adressent à un grand nombre de lecteurs; mais c'est tout le contraire qui a lieu pour les ouvrages ordinaires et pour certains ouvrages d'élite qui, par leur nature même, ne peuvent convenir qu'à un public restreint. Il existe une foule d'œuvres utiles et estimables qui ne se réimpriment plus par suite de la crainte des concurrences qui peuvent surgir d'un jour à l'autre. On publierait volontiers une nouvelle édition d'un livre dont cent cinquante exemplaires s'écouleraient chaque année; mais la possibilité sans cesse menaçante d'une publication rivale qui viendrait partager le marché arrête complétement l'essor de la librairie vers ces sortes d'entreprises qui seraient si utiles au public. On n'a pas oublié qu'au quinzième et au seizièmes siècle ces belles et correctes éditions des auteurs anciens n'ont pu être publiées qu'au moyen d'une suspension des droits du domaine public et d'un privilége temporaire accordé à de grands éditeurs.

Le maintien de l'exploitation des œuvres littéraires entre les mains de leurs propriétaires est donc le seul moyen d'assurer la réimpression des œuvres de second et de troisième ordre en temps utile et de sauvegarder les intérêts des auteurs.

V

L'application du droit commun aux écrivains et à leurs ayants droit aurait d'autres avantages qui ne sont pas à dédaigner.

Personne n'ignore que l'art typographique est dans une décadence profonde. Que sont les publications modernes à côté de ces anciennes éditions d'une correction si parfaite? Que sont nos caractères auprès de ces types admirables qui ne fatiguaient pas l'œil du lecteur quelque petits qu'ils fussent? Les imprimeurs n'ont pas à se reprocher cet abaissement qu'ils déplorent les premiers. Aujourd'hui la grande affaire est d'imprimer promptement et à bon marché et de multiplier les livres. Peu importent l'élégance et la correction de la forme, pourvu que la pensée se répande rapidement. Nous croyons qu'on pourrait concilier la perfection typographique avec la multiplicité de la production. C'est la concurrence effrénée qui s'oppose à cette conciliation. Laissons-la régner dans le domaine public, mais protégeons efficacement le domaine privé. C'est là que se réfugiera la typographie; c'est par les œuvres qui ont un propriétaire que ses beaux jours renaîtront et qu'elle développera toutes ses ressources. Ce n'est qu'à ce prix que nous conserverons intacts pour la postérité les produits de notre littérature.

VI

Est-ce l'ayant droit qui percevra directement le produit des éditions ? Etablira-t-on des intermédiaires ?

La perception par des agences du droit des auteurs dramatiques peut se faire avec avantage pour les représentations théâtrales ; il serait presque impossible, en effet, aux auteurs de drames ou de compositions musicales de faire par eux-mêmes cette perception avec régularité, et la difficulté serait encore plus grande pour les directeurs de théâtre de se mettre en règle avec chaque auteur individuellement. En outre, il ne s'agit ici que d'une perception sur une recette effective et d'une simple prime sur un produit réalisé. Mais, dans les entreprises de librairie, les choses se présentent sous un tout autre aspect. Ce ne sont pas toujours les éditeurs qui songent à entreprendre une publication ; l'initiative est souvent prise par les propriétaires du livre. Est-ce qu'une agence quelconque pourra se charger de négocier avec un éditeur la publication d'une nouvelle édition d'un ouvrage ? Est-ce qu'il sera possible à cette agence d'accorder des tempéraments pour le mode de payement, et même de transiger sur le chiffre du droit d'auteur ? Non ; son intervention devra être soumise à des règles immuables et à des procédés rigoureusement uniformes. Le tarif sera sa loi inexorable ; le payement devra être intégral et précéder la délivrance du permis d'imprimer. Qu'arrivera-t-il si l'agence gère mal les intérêts qui lui sont confiés? si elle emporte la caisse? si elle suscite de mauvaises chicanes pour n'avoir pas à verser les fonds qu'elle a reçus? Ce seront des procès interminables.

Dans l'hypothèse même où les perceptions pourraient se faire sans obstacle par voie administrative, combien de difficultés se rencontreraient dans la remise des sommes reçues aux intéressés ! Il faudrait faire constater leurs droits exclusifs, retenir les fonds destinés aux incapables ou les verser en dépôt à des caisses publiques, recevoir des oppositions, se mettre en règle vis-à-vis des opposants, soutenir tous procès, se faire donner des quittances ou décharges régulières, etc. En outre, n'y a-t-il pas un grave inconvénient à faire intervenir l'État dans la gestion des intérêts privés ? Ne voit-on pas dans quelles complications on se jette quand on veut sortir du droit commun ?

Les affaires commerciales ne se conduisent pas de cette manière, et on peut affirmer d'avance que l'ingérence d'une administration particulière ou publique quelconque dans des opérations qui doivent conserver un caractère tout privé serait une entrave insurmontable pour les entreprises des éditeurs.

Ainsi, l'invention d'un domaine public payant est aussi contraire au développement du commerce de la librairie qu'aux intérêts légitimes des auteurs.

VII

L'idée du domaine public payant a fait naître chez un autre éditeur de Paris[1] l'idée d'un nouveau système, dont nous allons dire quelques mots.

Suivant cet éditeur, Dieu, en donnant à certains individus le privilége du génie, a voulu que ce fût pour le bien de la société et de la civilisation. « Aussi, ajoute-t-il, la grande préoccupation du véritable écrivain est de laisser derrière lui une trace de son passage, et, lorsqu'il est privé d'enfants, il n'a plus qu'un seul but : la survivance de son œuvre après lui. C'est pour la postérité qu'il travaille. »

Pour entrer dans les vues de la Providence, l'auteur de la brochure propose :

1° De n'attribuer le droit de propriété littéraire qu'à l'auteur et à ses héritiers en ligne directe.

2° Dans le cas où il n'y aurait point d'héritiers directs, mais seulement des cessionnaires, et dans celui où la propriété aurait été cédée à un tiers par l'auteur, de limiter à cinquante ans à partir de la première publication la durée de leur jouissance.

Si l'auteur de cet amendement s'était arrêté là, nous nous serions bornés à lui faire remarquer qu'il amoindrit, sans motifs, entre les mains de l'auteur ou de ses héritiers un droit de propriété qui devrait être

1. M. Amyot.

absolu de sa nature, et qu'en réalité il supprime la perpétuité de la propriété littéraire.

Mais après avoir demandé la mise en déshérence des ouvrages littéraires dans les circonstances qui viennent d'être indiquées, il propose de consacrer à jamais la perpétuité sous une forme nouvelle, non plus au profit des écrivains ou de leurs ayants cause, mais à celui d'un nouveau maître. Ce n'est plus le domaine public qui va hériter des œuvres reprises du domaine privé. C'est l'État qui va s'en emparer pour les exploiter lui-même au profit de tous. Cette reprise n'est pas limitée aux ouvrages qui dans l'avenir cesseront d'appartenir à des héritiers directs ou sortiront légalement des mains de leurs cessionnaires. Tous les ouvrages publiés depuis le commencement de l'année 1601 et tombés depuis lors dans le domaine public rentreront immédiatement dans les mains de l'État et seront soumis, comme les ouvrages qui tomberont plus tard en sa possession, à une rétribution d'un demi-centime par chaque feuille réimprimée, sans distinction de formats ni de caractères.

Pour compléter son idée, l'auteur de ce système demande que la totalité des sommes produites par le payement de cette redevance soit employée pour des objets littéraires tels que: prix dans les concours, encouragements aux écrivains et aux artistes, secours aux gens de lettres, à leurs veuves et à leurs enfants, caisse de secours, etc.

Ce que nous avons dit du domaine public payant, nous le répéterons à plus forte raison pour l'État substitué aux propriétaires naturels ou conventionnels ; nous ajouterons que cette application du communisme à la littérature et aux arts serait une source de corruption pour l'Administration et une cause de ruine pour les gens de lettres et les éditeurs.

A ce propos, il n'est pas inutile de répondre un mot à une objection sans valeur réelle, qui a trouvé accès dans deux ou trois journaux et qui a été soutenue avec chaleur. Il s'agit de la loi d'expropriation pour cause d'utilité publique, qui, dans notre système de droit commun, peut être appliquée à la propriété littéraire comme à toutes les autres. On a feint de croire que cette loi ainsi appliquée aurait pour résultat, tantôt de transformer l'État en éditeur, tantôt de fournir un nouveau procédé de destruction aux futures commissions de censure. C'est se méprendre sur les caractères de la loi que nous proposons. L'État ne sera jamais éditeur, parce qu'il n'aura jamais intérêt à l'être, et parce qu'il ne pourrait pas l'être quand même il le voudrait. S'il achète un livre, ce ne sera pas pour l'exploiter, mais pour le mettre dans le domaine public. Quant à ce prétendu usage qu'il ferait de son droit pour la destruction de certains livres, nous supplions qu'on veuille bien se rappeler : 1° que l'État ne pourra exproprier que dans le cas où le propriétaire refuserait de publier ; 2° que la conséquence de l'expropriation sera de mettre le livre dans le domaine public ; 3° que l'État n'a aucun besoin d'acquérir à titre onéreux les ouvrages qu'il a intérêt à détruire, et que les tribunaux lui suffisent parfaitement pour cela. Ajoutons encore que la loi d'expropriation exige en toutes matières des formalités dont on ne peut méconnaître l'importance, telles qu'un décret impérial ou le vote des chambres. Mais l'objection qu'on nous adresse à tort, tombe en plein sur le système de M. Amyot, qui est, dans le domaine de la littérature, l'application du fameux système qui transforme l'État en agence générale de tous les intérêts, et en unique gérant de toutes les propriétés. Nous ne pensons pas que la Commission s'y arrête un seul instant.

VIII

Le commerce de la librairie s'intéresse moins qu'on ne le pense à la question qui se discute en ce moment.

Les éditeurs savent que les vrais chefs-d'œuvre sont rares et que les ouvrages qui doivent traverser les siècles avec éclat et demeurer à perpétuité comme les monuments de l'esprit humain sont des trésors sur lesquels il ne serait pas sage d'asseoir leurs spéculations.

En conséquence, leurs opérations se concentrent sur ces ouvrages utiles, mais d'une durée limitée, que fait naître chaque jour le mouvement des idées dans un pays civilisé. Cinquante années de jouissance, à partir de la mort de l'auteur, suffiraient largement à leur ambition. Ils n'ignorent pas que les livres d'une existence plus longue sont rares, et ils n'ont point d'intérêt sérieux dans la question de la perpétuité.

D'autre part, il y a un certain nombre de libraires qui concentrent presque exclusivement leurs spéculations sur les ouvrages du domaine public, et qui, lorsqu'ils savent les reproduire sous une forme nouvelle avec des accessoires importants, peuvent y trouver un aliment considérable pour leurs affaires. Cet horizon leur suffit, et toute perspective de changement dans leur situation les inquiète. Ils apprécient ce qu'ils ont entre les mains, et ils redoutent (pourquoi ne pas le dire ?) les suites d'un changement radical qui serait introduit dans la législation. D'abord ils ont intérêt à ce que la source qui enrichit sans cesse le domaine public ne se tarisse pas. Puis, les adversaires systématiques de la propriété littéraire leur ont fait entendre que la reconnaissance du droit perpétuel entraînerait infailliblement au profit du fisc de nouveaux droits de mutation, de succession et surtout d'exploitation; que quand ils feraient une édition nouvelle, ils seraient soumis à une sorte d'exercice analogue à celui établi dans les raffineries et les brasseries par l'Administration des droits réunis; en d'autres termes, qu'ils auraient à payer à l'État un droit proportionnel sur les réimpressions. Disons-leur avec confiance que ces craintes sont chimériques. Les éditeurs payent des droits de patente et sont soumis à toutes les taxes générales; mais il n'est pas plus possible de les soumettre à un droit nouveau par édition ou par exemplaire, que d'exiger un droit pareil sur des pièces d'étoffes ou sur tous autres objets fabriqués. La librairie ne sera jamais soumise qu'à des impôts généraux et communs à toutes les fabrications. Nous dirons plus: si quelque faveur, si quelque adoucissement devaient être accordés par l'État à une industrie, ce serait avant toute autre à la librairie, qui joue un si grand rôle dans la civilisation du pays. Quand les éditeurs d'ouvrages de domaine public seront complétement rassurés sur ce point, ce que peut faire l'Administration par une simple déclaration de ses intentions, ils accueilleront, nous en sommes sûrs, avec reconnaissance la législation libérale dont le gouvernement de l'Empereur vient de prendre ouvertement l'initiative et qui, nous l'espérons, ne succombera pas cette fois devant des craintes imaginaires et des objections étroites, ou mal fondées.

IX

On invoque en France les délibérations du Congrès de Bruxelles sur la propriété littéraire : mais il faut réduire les choses à leur juste valeur. La Belgique, qui peut imprimer mais non produire des œuvres littéraires en langue française, a joué son jeu en 1858. Ce qui lui importe, c'est d'utiliser sur la reproduction des conceptions de nos écrivains ses caractères, ses presses, ses papiers, la main-d'œuvre de ses ouvriers. Pour y arriver, il faut que le domaine public puisse s'emparer le plus promptement possible de ces conceptions. Nos écrivains et nos artistes ne s'y sont pas trompés. Ils ont lutté contre un système législatif facile à expliquer chez nos voisins ; et, malgré la position avantageuse de leurs adversaires qui avaient organisé puissamment leur prédominance dans le congrès et qui combattaient d'ailleurs dans leurs foyers, on peut dire que les défenseurs de la propriété littéraire ont rapporté en France leur drapeau intact. La déclaration du grand principe qui est sorti des décisions de la Commission officielle de la propriété littéraire dans la discussion du 11 février, est pour eux le commencement du triomphe.

CONCLUSION.

Il ne nous suffit pas que la propriété littéraire et artistique soit déclarée perpétuelle.

Nous demandons que la jouissance de cette propriété soit réglée purement et simplement par le droit commun, sans entraves, ni restrictions inutiles. Confiée à la vigilance de l'intérêt personnel, elle s'établira, se défendra et vivra comme toutes les autres propriétés, sans priviléges particuliers, sans embarras pour l'Administration, sans complication aucune, sous la protection commune de la loi. La reconnaissance de la propriété littéraire perpétuelle et absolue est d'un médiocre intérêt pour le Commerce de la librairie; mais elle est pour les écrivains et les artistes une question de justice et de dignité. En outre elle présente au législateur un intérêt d'un ordre supérieur. A une époque où les droits les plus sacrés ont été mis en question, sa consécration définitive apportera une nouvelle force aux grands principes sur lesquels repose l'ordre social dans les sociétés modernes.

Paris. — Imprimerie de Ch. Lahure et Cⁱᵉ, rue de Fleurus, 9.

OUVRAGES

RELATIFS À LA PROPRIÉTÉ LITTÉRAIRE ET ARTISTIQUE.

La Propriété littéraire au XVIIIᵉ siècle. Recueil de pièces et
de documents publié par le Comité de l'association pour la défense de la propriété littéraire et artistique, avec une introduction et des notes par M. Éd. Laboulaye, de l'Institut, et
M. G. Guiffrey, avocat. 1 vol. 10 fr.

Lettre historique et politique adressée à un magistrat sur
le commerce de la librairie, par Diderot. Ouvrage inédit publié
par le même Comité, avec une introduction par M. G. Guiffrey,
avocat à la cour impériale de Paris. In-8. 2 fr. 50 c.

La Propriété littéraire et artistique. Brochure in-8. 30 c.

De la propriété littéraire en France et en Angleterre;
par M. Édouard Laboulaye. 1 vol. in-8, 1858.

**Du droit héréditaire des auteurs et des erreurs du Con-
grès de Bruxelles;** par M. Jules Mareschal. 1 vol. grand
in-8.

**Mémoire à consulter sur la question juridique de la
propriété perpétuelle et héréditaire des œuvres de
l'esprit;** par le même. 1 vol. grand in-8.

La Propriété intellectuelle; par MM. Fred. Passy et Pail-
lotet, avec une préface de M. Jules Simon. 1 vol. in-12.

Paris — Imprimerie de Ch. Lahure et Cᵉ, rue de Fleurus, 9.